sekolah - məktəp	2
berjalan - səyəxət	5
pengangkutan - transport	8
bandar - şəhər	10
landskap - tirə-yün	14
restoran - restoran	17
pasar raya - supermarket	20
minuman - eçemleklər	22
makanan - azıq	23
ladang - çeftlek	27
rumah - yort	31
ruang tamu - qunaq bülməse	33
dapur - aş bülməse	35
bilik air - yuınu bülməse	38
bilik kanak-kanak - bala bülməse	42
pakaian - kiyem	44
pejabat - ofis	49
ekonomi - iqtisad	51
pekerjaan - hönərlər	53
alat - ələtlər	56
alat muzik - muzıka alətlərе	57
zoo - xaywan baqçası	59
sukan - sport törlərе	62
aktiviti - itkenleklər	63
keluarga - ğailə	67
badan - tən	68
hospital - xastaxanə	72
kecemasan - kiçektergesez xəl	76
bumi - Cir	77
jam - səğət	79
minggu - atna	80
tahun - yıl	81
bentuk - şəkellər	83
warna - töslər	84
berlawanan - qapma-qarşılıqlar	85
nombor - sannar	88
bahasa-bahasa - tellər	90
siapa / apa / bagaimana - kem / nərsə / niçek	91
di mana - qayda	92

Impressum
Verlag: BABADADA GmbH, Nedderfeld 112 , 22529 Hamburg
Geschäftsführer / Verlagsleitung: Harald Hof
Druck: Books on Demand GmbH, In de Tarpen 42, 22848 Norderstedt

Imprint
Publisher: BABADADA GmbH, Nedderfeld 112 , 22529 Hamburg, Germany
Managing Director / Publishing direction: Harald Hof
Print: Books on Demand GmbH, In de Tarpen 42, 22848 Norderstedt

sekolah
məktəp

- bahagi / bülü
- 186/2
- papan / taqta
- bilik darjah / sınıf bülməsi
- laman/taman sekolah / məktəp ixatası
- guru / uqıtuçı
- kertas / kəğəz
- tulis / yazarğa
- pen / qələm
- meja / östəl
- pembaris / sızğıç
- buku / kitap
- murid / uquçı

beg galas
buqça

kotak pensel
qələmdan

pensel
qırandaş

pengasah pensel
qələm oçlağıç

pemadam
betergeç

kertas lukisan
rəsem dəftərə

melukis
rəsem

berus lukis
pumala

kotak warna
buyawlar tartması

gunting
qayçı

gam
cilem

buku latihan
dəftər

kerja rumah
öy eşe

nombor
san

tambah
quşu

tolak
alu

darab
tapqırlaw

kira
isəpləw

huruf
xəref

abjad
əlifba

kata
süz

sekolah - məktəp

teks tekst	baca uqırğa	kapur aqbur
	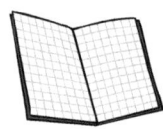	
pelajaran dəres	daftar sıynıf jurnalı	peperiksaan imtixan

sijil sertifikat	uniform sekolah məktəp forması	pendidikan məğərif

ensiklopedia ensiklopediyə	universiti universitə	mikroskop mikroskop
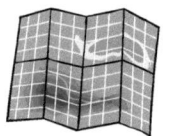		
peta xarita	bakul sampah çüp qəğəz çiləge	

sekolah - məktəp

berjalan
səyəxət

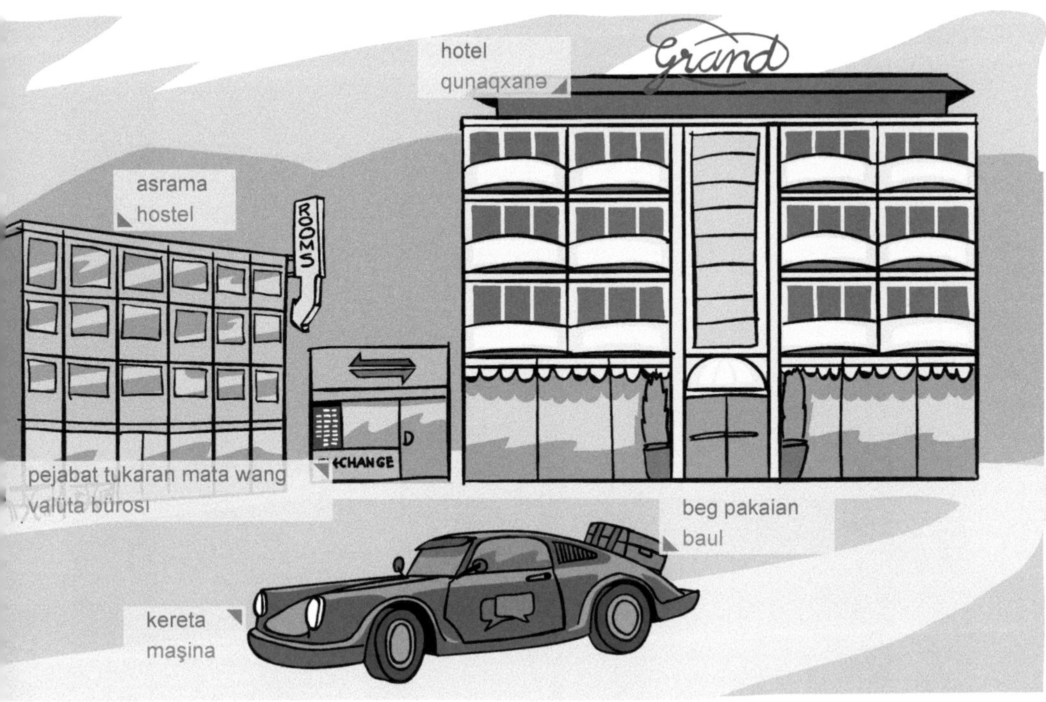

hotel
qunaqxanə

asrama
hostel

pejabat tukaran mata wang
valüta bürosı

beg pakaian
baul

kereta
maşina

bahasa
tel

ya / tidak
əye / yuq

okey
yarar

helo
isənmesez

penterjemah
tərceməçe

Terima kasih
Rəxmət

berjalan - səyəxət

berapa banyak...?   saya tidak faham   masalah
... küpme tora?   min añlamıym   problem

Selamat petang!   Selamat Pagi!   Selamat Malam!
Xəyerle kiç!   Xəyerle irtə!   Tınıç yoqı!

selamat tinggal   arah   bagasi
saw bulığız   yünələş   bagaj

beg   beg galas   tetamu
buqça   biştər   qunaq

bilik tidur   beg tidur   khemah
bülmə   yoqı qapçığı   çatır

maklumat pelancong	pantai	kad kredit
turist məğlüməte	qomsal	kredit kərte

sarapan	makan tengah hari	makan malam
irtənge aş	töşlek	kiçke aş

tiket	lif	setem
bilet	lift	marka

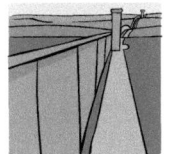  

sempadan	kastam	kedutaan
çik	tamğaxanə	ilçelek

visa	pasport
viza	pasport

berjalan - səyəxət

pengangkutan
transport

kapal terbang
oçqıç

kapal
kərap

kereta bomba
yangın maşinası

bas
awtobus

trak
töyər

motobot
motorlı köymə

basikal
səpid

kereta
maşina

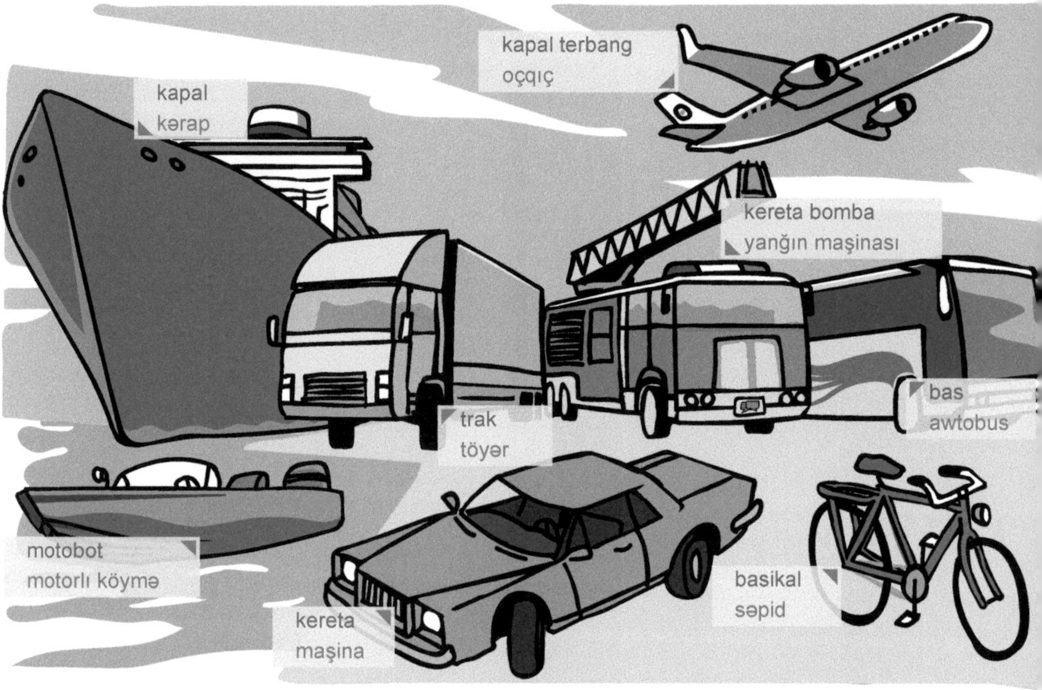

feri
boram

bot
köymə

motosikal
motosiklət

kereta polis
polisə maşinası

kereta lumba
uzış maşinası

kereta sewa
kiralıq maşina

pengangkutan - transport

berkongsi kereta	trak tunda	trak menolak
karşering	tartuçı	çüp töyəre

motor	bahan api	stesen minyak
motor	yağulıq	benzinlek

 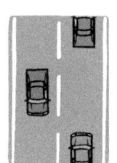 

tanda trafik	trafik	kesesakan lalu lintas
trafik bilgese	xərəkət	böke

tempat parkir	stesen kereta api	trek
parking	stansa	rəy

 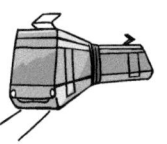 

kereta api	trem	gerabak
trən	tramway	vagon

pengangkutan - transport

helikopter
boralaq

lapangan terbang
hawa alanı

Menara
manara

penumpang
yulçı

bekas
konteyner

kadbod
alap

kart
yök arbası

bakul
səbət

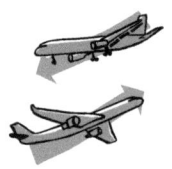
berlepas / mendarat
qalqu / töşü

bandar
şəhər

kampung
awıl

pusat bandar
şəhər üzəge

rumah
yort

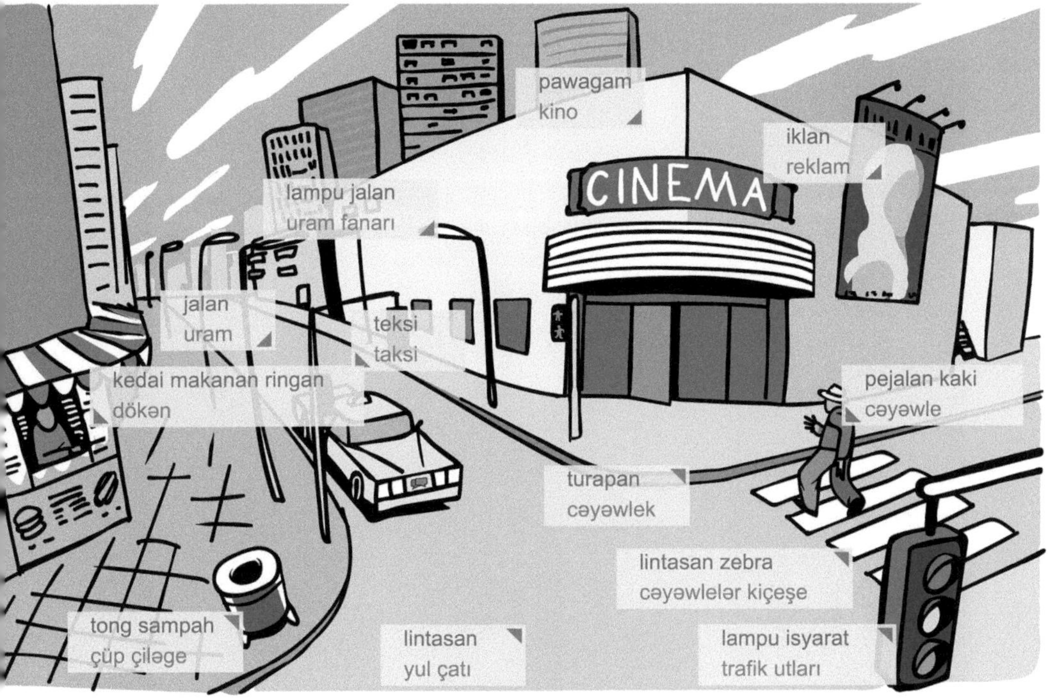

pawagam
kino

iklan
reklam

lampu jalan
uram fanarı

jalan
uram

teksi
taksi

kedai makanan ringan
dökən

pejalan kaki
cəyəwle

turapan
cəyəwlek

lintasan zebra
cəyəwlələr kiçeşe

tong sampah
çüp çiləge

lintasan
yul çatı

lampu isyarat
trafik utları

pondok

alaçıq

flat

fatir

stesen kereta api

stansa

dewan bandar

şəhər xakimiyəte

muzium

yədkərxanə

sekolah

məktəp

bandar - şəhər

universiti

universitə

bank

bank

hospital

xastaxanə

hotel

qunaqxanə

farmasi

daruxanə

pejabat

ofis

kedai buku

kitap kibete

kedai

kibet

kedai bunga

çəçək kibete

pasar raya

supermarket

pasaran

bazar

gedung

zur kibet

penjual ikan

balıq kibete

pusat membeli-belah

səwdə üzəge

pelabuhan

liman

taman
park

bangku
eskəmiyə

jambatan
küper

tangga
basqıç

bawah tanah
metro

terowong
tunnel

hentian bas
awtobus tuqtalışı

bar
bar

restoran
restoran

peti surat
yamıl tartması

papan tanda jalan
uram bilgese

meter parkir
parking sanağıçı

zoo
xaywan baqçası

kolam renang
xəwezxanə

masjid
məçet

bandar - şəhər

ladang
çeftlek

pencemaran
kerlelek

tanah perkuburan
zirat

gereja
çirkəw

taman permainan
uyın alanı

kuil
ğibädätxanä

landskap
tirə-yün

daun
yafraq

tiang tanda
yul kürsətkeçe

jalan
yul

padang rumput
bolın

batu
taş

pokok
ağaç

pejalan kaki
yöreşce

sungai
yılğa

rumput
ülən

bunga
çəçək

landskap - tirə-yün

lembah
üzən

bukit
qalqulıq

tasik
kül

hutan
urman

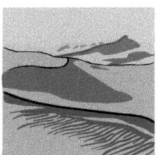
padang pasir
çül

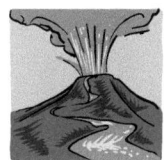
gunung berapi
yanartaw

istana
nığıtma

pelangi
salawat küpere

cendawan
gömbə

pokok kelapa sawit
palma

nyamuk
çerki

terbang
çeben

semut
qırmısqa

lebah
bal qortı

labah-labah
ürməküç

landskap - tirə-yün

kumbang | katak | tupai
qoñğız | baqa | tiyen

landak | arnab | burung hantu
kerpe | quyan | yabalaq

burung | angsa | babi jantan
qoş | aqqoş | qaban duñğızı

rusa | moose | empangan
bolan | poşıy | tuan

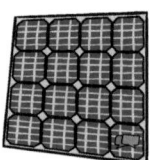

turbin angin | panel solar | iklim
cir turbini | qoyaş panele | iqlim

landskap - tirə-yün

restoran
restoran

pelayan
tabınçı

menu
saylaq

kerusi
urındıq

piza
pitsa

sup
aş

alas meja
aşyawlıq

kutleri
çəneçke-pıçaq taqımı

pemula
qabımlıq

hidangan utama
töp aşamlıq

pencuci mulut
tatlı

minuman
eçemlekler

makanan
azıq

botol
şeşə

restoran - restoran

makanan segera	makanan jalanan	teko
fastfud	uram rizığı	çəygün

 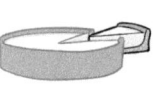 

mangkuk gula	bahagian	mesin espreso
şikər sawıtı	salım	espresso maşını

kerusi tinggi	bil	dulang
biyek urındıq	xisap	töger

pisau	garfu	sudu
pıçaq	çəneçke	qaşıq

sudu teh	serviette	gelas
çəy qaşığı	tastımal	tustağan

restoran - restoran

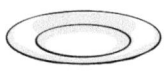

pinggan
tabaq

mangkuk sup
aş tabağı

piring
cəypək

sos
sous

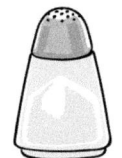

tempat garam
toz sawıtı

pengisar lada
borıç tegermәne

cuka
serkә

minyak
sıyıq may

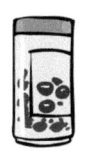 

rempah
tәmlәtkeç

sos
ketçup

mustard
xәrdәl

mayones
mayonez

restoran - restoran

pasar raya
supermarket

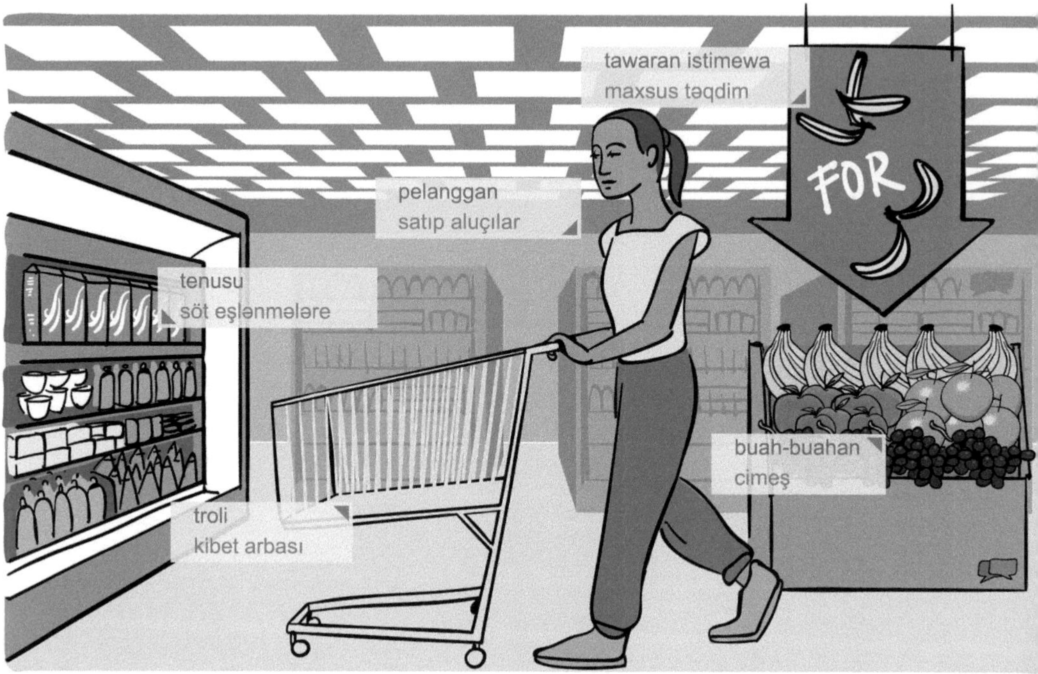

tawaran istimewa
maxsus təqdim
FOR
pelanggan
satıp aluçılar
tenusu
söt eşlənmələre
buah-buahan
cimeş
troli
kibet arbası

BUTCHERS

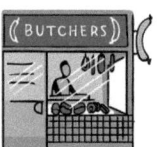

tukang daging

it kibete

BAKERY

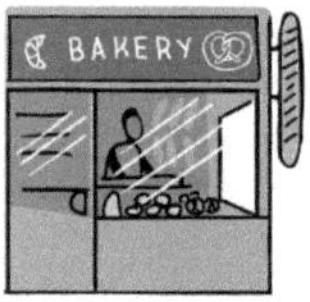

kedai roti

ikməkxanə

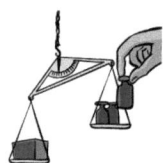

berat

ülçəw

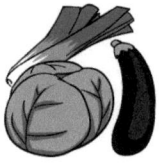

sayur-sayuran

yəşelçə

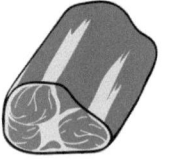

daging

it

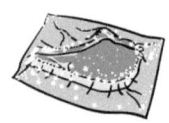

makanan sejuk beku

tuñdırılğan aşamlıqlar

daging sejuk
suıq it

makanan dalam tin
kənsirləngən aşamlıq

serbuk pencuci
ker tuzı

gula-gula
şikərləmələr

produk isi rumah
öy eşlənmələre

produk pembersihan
təmizlek eşlənmələre

orang jualan
satuçı

daftar tunai
yazuçı kassa

juruwang
kassir

senarai membeli-belah
satıp alu isemlege

waktu pembukaan
eş waqıtı

beg duit
qalta

kad kredit
kredit kərte

beg
buqça

beg plastik
plastik qapçıq

pasar raya - supermarket

minuman
eçemleklər

air
su

jus
sut

susu
söt

kola
kola

wain
şərəb

bir
sıra

alkohol
xəmer

koko
kakao

the
çəy

kopi
qəhwə

espreso
espresso

kapucino
kapuçino

makanan
azıq

pisang
banan

epal
alma

oren
əflisun

tembikai
qarbız

lemon
limon

lobak merah
kişer

bawang putih
sarımsaq

buluh
bambu

bawang
suğan

cendawan
gömbə

kacang
çikləweklər

mi
toqmaç

makanan - azıq

| spageti | nasi | salad |
| spagetti | döge | salat |

| kerepek | kentang goreng | piza |
| çips | qızdırılğan bərəňge | pitsa |

| hamburger | sandwic | kutlet |
| hamburger | sandwiç | kətlit |

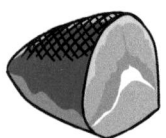  

| ham | salami | sosej |
| ветчина | salami | sosis |

| ayam | panggang | ikan |
| tawıq ite | qızdırma | balıq |

makanan - azıq

bubur oat
solı izməse

muesli
müsli

emping jagung
məkkəy keterdege

tepung
on

kroisan
kruassan

roti roll
ipi tügərəge

roti
ikmək

roti bakar
tost

biskut
kətərməç

mentega
may

dadih
eremçek

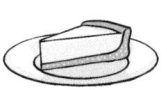

kek
kəyk

telur
yomırqa

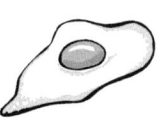

telur goreng
təbə

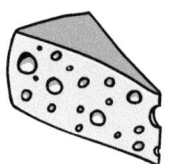

keju
pəynir

makanan - azıq

ais krim

tuñdırma

gula

şikər

madu

bal

jem

qaynatma

krim nougat

şokolad izməse

kari

karri

makanan - azıq

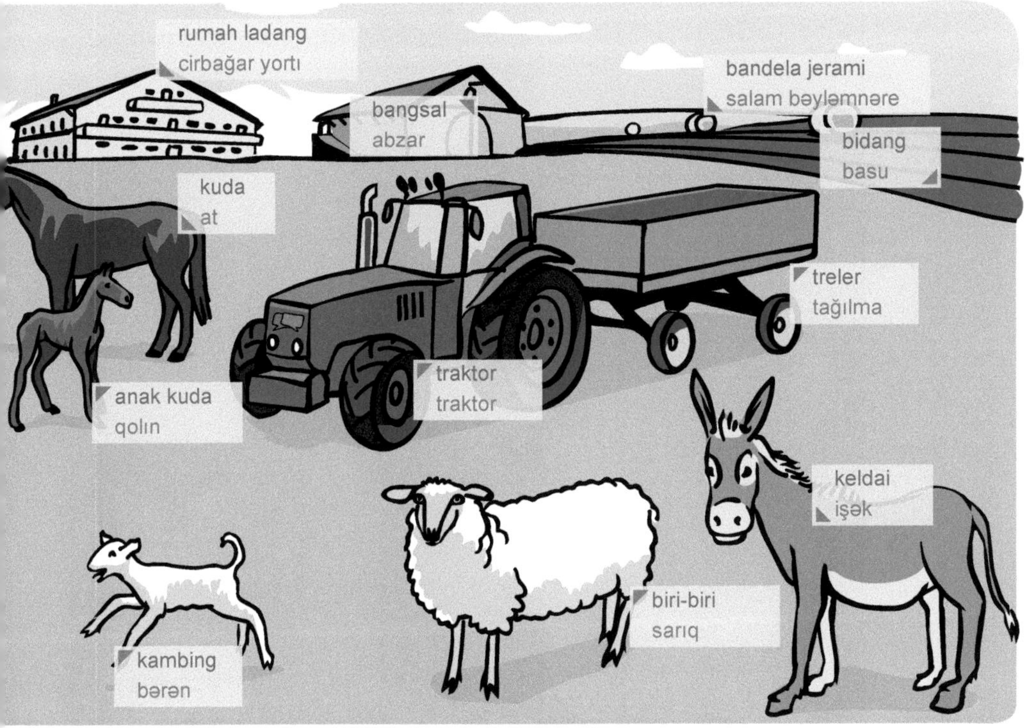

ladang
çeftlek

rumah ladang / cirbağar yortı
bangsal / abzar
bandela jerami / salam bəyləmnərə
bidang / basu
kuda / at
treler / tağılma
anak kuda / qolın
traktor / traktor
keldai / işək
kambing / bərən
biri-biri / sarıq

kambing

kəcə

lembu

sıyır

anak lembu

bozaw

babi

duñğız

anak babi

duñğız balası

lembu

ügez

angsa
qaz

itik
ürdək

anak ayam
çebi

ayam betina
tawıq

ayam jantan muda
ətəç

tikus
küse

kucing
pesi

tikus
tıçqan

lembu jantan
eş ügeze

anjing
et

rumah anjing
et oyası

hos taman
baqça xortumı

bekas siraman
susipkeç

sabit
çalğı

bajak
saban

ladang - çeftlek

sabit
uraq

cangkul
kitmən

serampang peladang
sənək

kapak
balta

kereta sorong
qul arbası

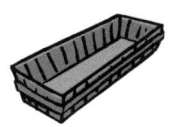

palung
tağaraq

tin susu
söt çiləge

karung
qapçıq

pagar
qoyma

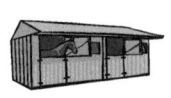

stabil
abzar

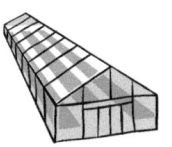

rumah hijau
essexanə

tanah
tufraq

benih
orlıq

baja
aşlama

jentuai
kombayn

ladang - çeftlek

tuai
uñış cıyarğa

menuai
uñış

keladi
yam

gandum
boday

soya
soya

kentang
bərəñge

jagung
məkkəy

biji sawi
raps

pokok buah-buahan
cimeş ağaçı

ubi kayu
manyok

bijirin
börteklelər

ladang - çeftlek

rumah
yort

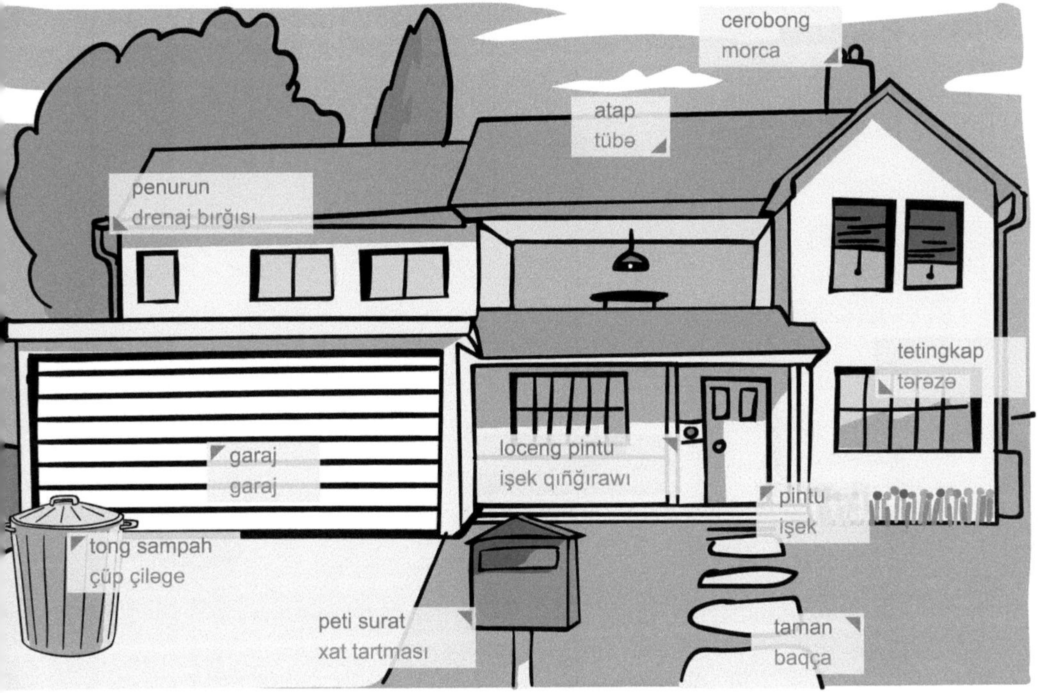

cerobong
morca

atap
tübə

penurun
drenaj bırğısı

tetingkap
tərəzə

garaj
garaj

loceng pintu
işek qıñğırawı

pintu
işek

tong sampah
çüp çiləge

peti surat
xat tartması

taman
baqça

ruang tamu
qunaq bülməse

bilik air
yuınu bülməse

dapur
aş bülməse

bilik tidur
yataq bülməse

bilik kanak-kanak
bala bülməse

ruang makan
aş bülməse

rumah - yort

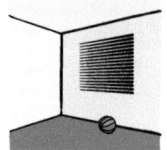
lantai
idän

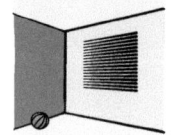
dinding
diwar

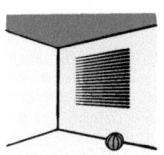
siling
tüşəm

bilik bawah tanah
tülə

sauna
sawna

balkoni
balkon

teres
teras

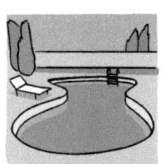
kolam renang
xəwez

pemotong rumput
çirəmçapqıç

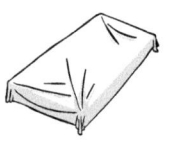
lembaran
cəymə

penutup tilam
yataq yapması

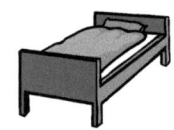
katil
yataq

penyapu
seberke

timba
çilək

suis
özgeç

rumah - yort

ruang tamu
qunaq bülməse

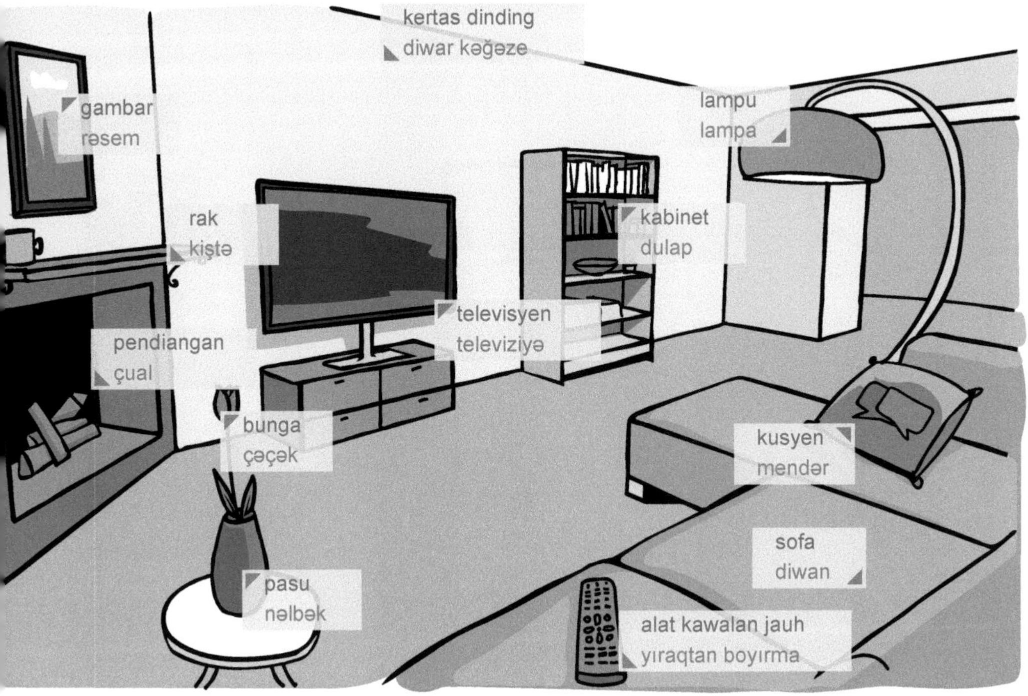

- gambar / rəsem
- kertas dinding / diwar kəğəze
- lampu / lampa
- rak / kiştə
- kabinet / dulap
- pendiangan / çual
- televisyen / televiziyə
- bunga / çəçək
- kusyen / mendər
- pasu / nəlbək
- sofa / diwan
- alat kawalan jauh / yıraqtan boyırma

permaidani
kelәm

tirai
pərdə

meja
östəl

kerusi
urındıq

kerusi malas
tirbəlmə urındıq

kerusi
kənəfi

ruang tamu - qunaq bülməse

buku
kitap

selimut
yapma

hiasan
dekor

kayu api
utın

filem
film

hi-fi
hi-fi

kunci
açqıç

akhbar
gəcit

lukisan
sürət

poster
poster

radio
radio

buku catatan
quyın dəftərə

penyedut habuk
tuzansuırğıç

kaktus
kaktus

lilin
şəm

dapur
aş bülməsə

peti sejuk
suitqıç

ketuhar gelombang mikro
mikrodulqınlı miç

penimbang dapur
aşxanə ülçəwe

pembakar roti
toster

bahan pencuci
yuğıç əyber

oven
miç

penyejuk beku
tuñdırğıç

tong sampah
çüp çiləge

pembasuh pinggan mangkuk
sawıt-saba yuğıç

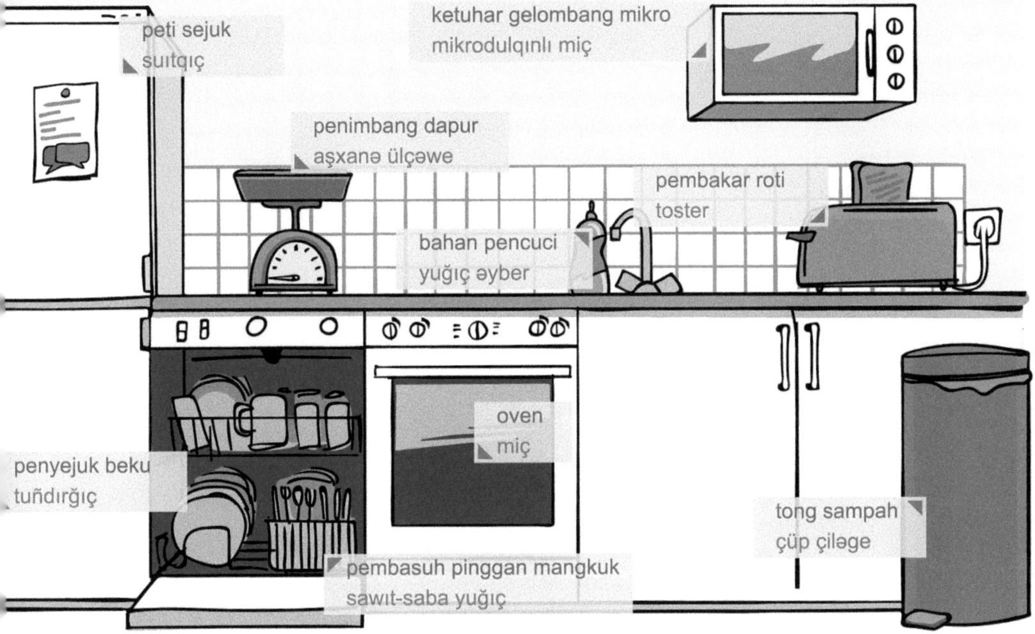

periuk dapur
əwsək

periuk
sağan

periuk besi
çuyın sağan

kuali
wok

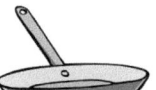

pan
taba

cerek
çəygün

dapur - aş bülməse

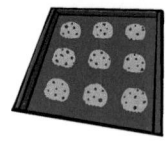

pengukus
bulı peşergeç

dulang pembakar
qalay

pinggan mangkuk
sawıt-saba

koleh
təgəç

mangkuk
kəsə

penyepit
aşaw tayaqçıqları

senduk
ucaw

spatula
spatula

pengadun
tuğlağıç

penapis
sözgeç

ayak
ilək

pemarut
qırğıç

mortar
kile

barbeku
barbekü

pembakaran terbuka
açıq uçaq

dapur - aş bülməse

papan pencincang
taqta

pin golekan
uqlaw

skru gabus
böke suırğıç

tin
metal tartma

pembuka tin
kənsir açqıç

pemegang periuk
miç biyələye

sinki
kirşən

berus
fırça

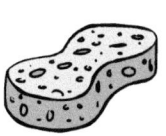
span
bolıt

pengisar
blender

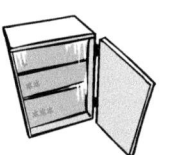
penyejuk beku
tirən tuñdırğıç

botol bayi
imezlekle şeşə

paip
çömək

dapur - aş bülməse

bilik air
yuınu bülməsе

pemanasan cılıtu

tuala sölge

mandi duş

mandi buih kübekle vanna

tirai mandi duş pərdəsе

tab mandi vanna

gelas tustağan

mesin basuh ker yuğıç

jubin fayans

paip çömək

tandas lazemlek

sinki kirşən

tandas

bədrəf

tandas mencangkung

törekçə bədrəf

mangkuk tandas

bide

tandas awam

pissuar

kertas tandas

bədrəf kağəze

berus tandas

bədrəf fırçası

berus gigi
teş fırçası

ubat gigi
teş məğcüne

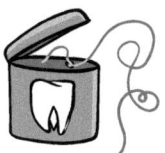

flos gigi
teş cebe

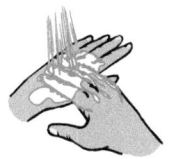

cuci
yuarğa

mandian tangan
duş başlığı

pancuran
duş

besen
kirşən

belakang berus
arqa fırçası

sabun
sabın

gel mandian
duş señəle

syampu
şampun

flanel
munçala

longkang
ağım

krim
krem

deodoran
dezodorant

bilik air - yuınu bülməse

cermin
közge

cermin tangan
qul közgese

pisau cukur
östərə

busa cukur
qırınu kübege

selepas cukur
qırınu losyonı

sikat
taraq

berus
fırça

pengering rambut
fön

semburan rambut
çəç sprəye

mekap
makiyaj

gincu
iren innege

varnis kuku
tırnaq cələse

bulu kapas
mamıq

gunting kuku
tırnaq qayçısı

pewangi
xuşbuy

beg basuhan
makiyaj buqçası

bangku
utırğıç

skala berat
ülçəw

jubah mandi
çoba

sarung tangan getah
rezin iləsə

kapas
tampon

tuala wanita
higiyenik pəd

tandas kimia
kimiyəwi bədrəf

bilik air - yuınu bülməse

bilik kanak-kanak
bala bülməse

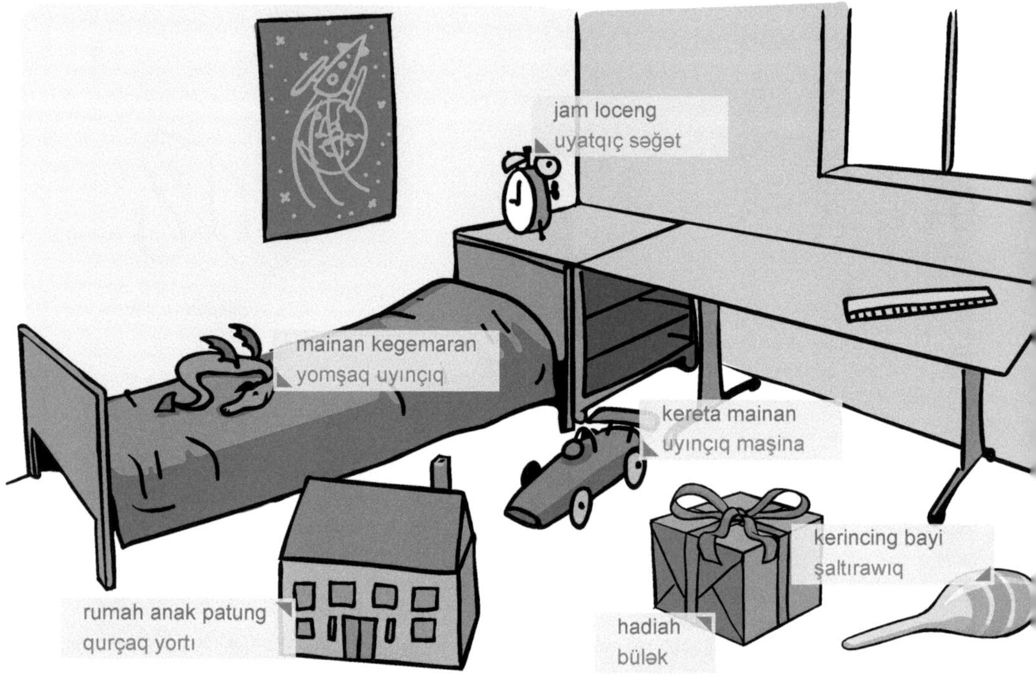

jam loceng
uyatqıç səğət

mainan kegemaran
yomşaq uyınçıq

kereta mainan
uyınçıq maşina

kerincing bayi
şaltırawıq

rumah anak patung
qurçaq yortı

hadiah
bülək

belon
hawa şarı

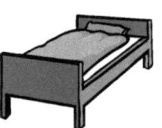

katil
yataq

kereta sorong bayi
bəbi arbası

set kad
kərt dəstəse

susun suai gambar
pazl

komik
komiks

batu bata lego
lego kirpeçlere

blok mainan
şaqmaqlar

figura aksi
uyın sınçığı

baju bayi
zıbın

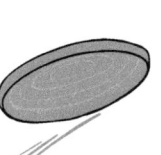

frisbee
frisbi

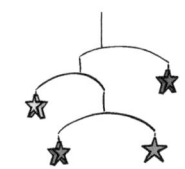

mainan bayi mudah alih
mobil

permainan papan
östəl uyını

dadu
uyın taşı

set model kereta api
trən modele cıyılması

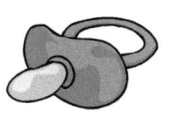

palsu
imezlek

parti
kiçə

buku bergambar
rəsemle kitap

bola
tup

anak patung
qurçaq

main
uynarğa

bilik kanak-kanak - bala bülməse

lubang pasir
qomlıq

buai
tağan

mainan
uyınçıqlar

konsol permainan video
uyın quşması

basikal roda tiga
öç köpçəkle səpid

anak patung beruang
uyınçıq ayu

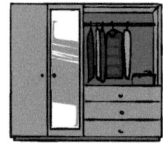
almari pakaian
kiyem dulabı

pakaian
kiyem

stoking
oyıqbaş

stoking
oyıq

ketat
oyığıştan

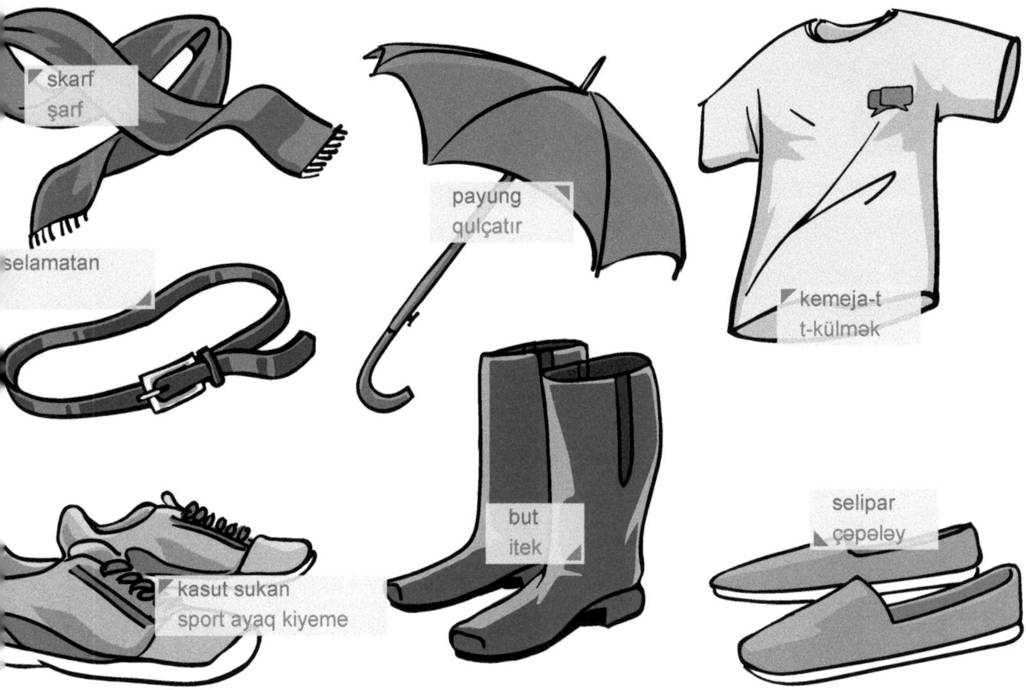

skarf
şarf

payung
qulçatır

kemeja-t
t-külmək

selamatan

but
itek

selipar
çəpələy

kasut sukan
sport ayaq kiyeme

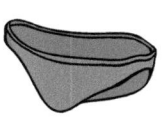

sandal
......
sandallar

kasut
......
ayaq kiyeme

but getah
......
rezin itek

seluar dalam
......
tənban

coli
......
tüşti

ves
......
cələk

pakaian - kiyem

badan
bodi

Seluar panjang
çalbar

jean
jins

skirt
itək

blaus
bluz

kemeja
külmək

baju panas sarung
sviter

sweater
hudi

blazer
bleyzer

jaket
jaket

kot
bişmət

baju hujan
yañğırlıq

kostum
kəçtüm

pakaian
külmək

baju pengantin
tuy külməge

sut
taqım kiyem

baju tidur
tönge külmək

baju tidur
pijama

sari
sari

skarf kepala
yawlıq

serban
çalma

burqa
burqa

kaftan
çapan

abaya/jubah
abaya

baju renang
qoyınu kiyeme

seluar renang
yözü tənbanı

seluar pendek
şort

sut balapan
sport kiyeme

apron
alyapqıç

sarung tangan
iləsə

pakaian - kiyem

butang
töymə

cermin mata
küzlek

gelang tangan
beləzek

rantai leher
muyınsa

cincin
baldaq

subang
alqa

topi
kəpəç

penyangkut kot
elgeç

topi
eşləpə

tali leher
muyınbaw

zip
zıncır

topi keledar
oçlam

pendakap
çalbar asması

uniform sekolah
məktəp forması

seragam
forma

pakaian - kiyem

lapik dada
balalar kükrəkçəse

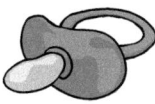
palsu
imezlek

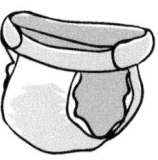
lampin
küzələ

pejabat
ofis

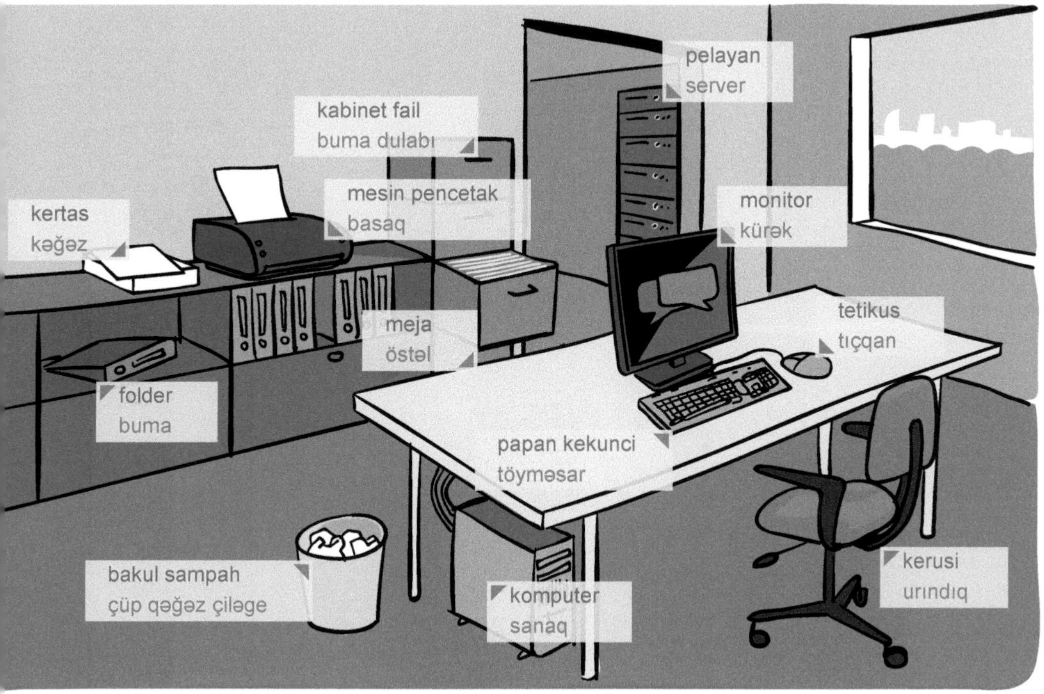

- pelayan / server
- kabinet fail / buma dulabı
- mesin pencetak / basaq
- monitor / kürək
- kertas / kəğəz
- meja / östəl
- tetikus / tıçqan
- folder / buma
- papan kekunci / töyməsar
- bakul sampah / çüp qəğəz çiləge
- komputer / sanaq
- kerusi / urındıq

cawan kopi
qəhwə təgəçe

kalkulator
sansanar

internet
internet

pejabat - ofis

komputer riba

ləptop

surat

xat

mesej

xəbər

mudah alih

kesə telefonı

rangkaian

çeltər

mesin fotokopi

fotokopyaçı

perisian

program təminatı

telefon

telefon

soket plag

ayırğıç

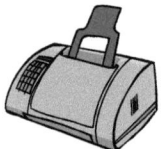

mesin faks

faks

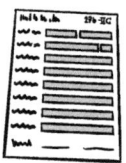

bentuk

form

dokumen

dokument

ekonomi
iqtisad

beli
satıp alırğa

bayar
tülərgə

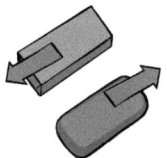
berdagang
səwdə itərgə

wang
aqça

dolar
dollar

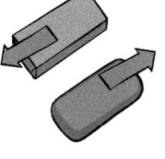
euro
euro

yen
yen

rubel
sum

franc swiss
frank

renminbi yuan
yuan

rupee
rupi

mata tunai
bankomat

pejabat tukaran mata wang
valüta bürosı

emas
altın

perak
kömeş

minyak
qaramay

tenaga
energiyə

harga
bəyə

kontrak
kontrakt

cukai
salım

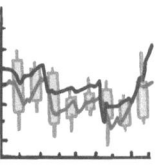

stok
stok

kerja
eşlərgə

pekerja
eşçe

majikan
eş birüçe

kilang
fabrika

kedai
kibet

ekonomi - iqtisad

pekerjaan
hönərlər

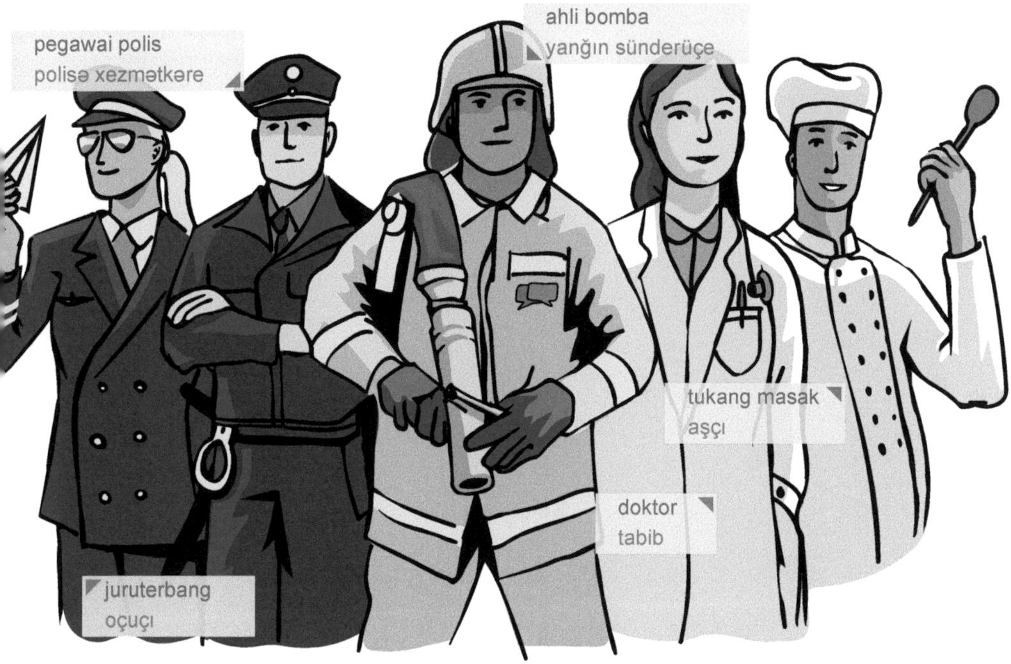

pegawai polis / polisə xezmətkərə

ahli bomba / yanğın sünderüçe

tukang masak / aşçı

doktor / tabib

juruterbang / oçuçı

tukang kebun
baqçaçı

tukang kayu
ağaç ostası

tukang jahit
tegüçe

hakim
xökemçe

ahli kimia
kimiyəçe

pelakon
aktor

pemandu bas / awtobus yörtüçe

pemandu teksi / taksiçe

nelayan / balıqçı

wanita pencuci / cıyıştıruçı xatın

kasau / tübə yabuçı

pelayan / tabınçı

pemburu / awçı

pelukis / rəssam

bakeri / ikməkçe

juruelektrik / elektrçı

pembangun / tözüçe

jurutera / möhəndis

penjual daging / itçe

tukang paip / çöməkçe

posmen / yamılçı

pekerjaan - hönərlər

askar
ğəskəri

arkitek
miğmar

juruwang
kassir

kedai bunga
çəçəkçe

pendandan rambut
çəçtaraş

konduktor
konduktor

mekanik
mekanik

kapten
kapitan

doktor gigi
teş tabibı

ahli sains
ğalim

tuhanku
rabbi

imam
imam

sami
kəşiş

paderi
ruxani

pekerjaan - hönərlər

alat
ələtlər

tukul
çükeç

playar
qarğaborın

pemutar skru
şörepborğıç

sepana
İngliz açqıçı

obor
qul fanarı

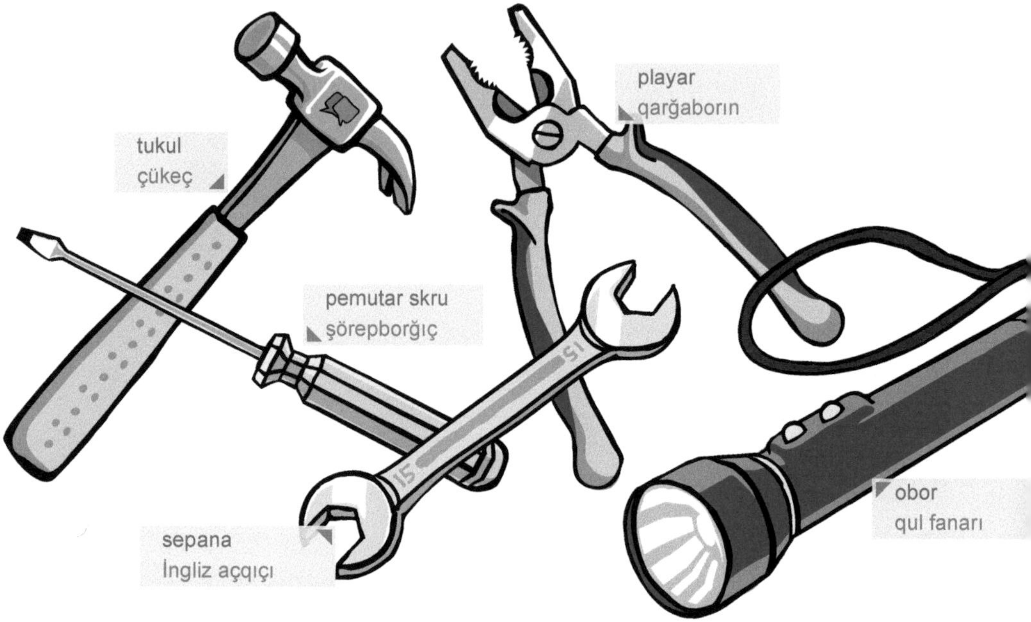

pengorek
qazu maşinası

kotak peralatan
ələt buqçası

tangga
basqıç

gergaji
pıçqı

kuku
qadaqlar

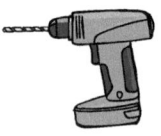

gerudi
dril

baiki
tözəterge

penyodok
körək

Celaka!
Şaytan alğırı!

penadah sampah
sosqı

periuk cat
buyaw sawıtı

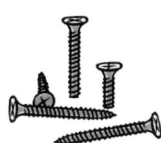

skru
mıqlar

alat muzik
muzıka alətləre

pembesar suara
tawış köçəytkeç

perangkat dram
dawılbaz taqımı

gitar
gitar

bass berganda
kontrabas

trompet
bırğı

alat muzik - muzıka alətləre

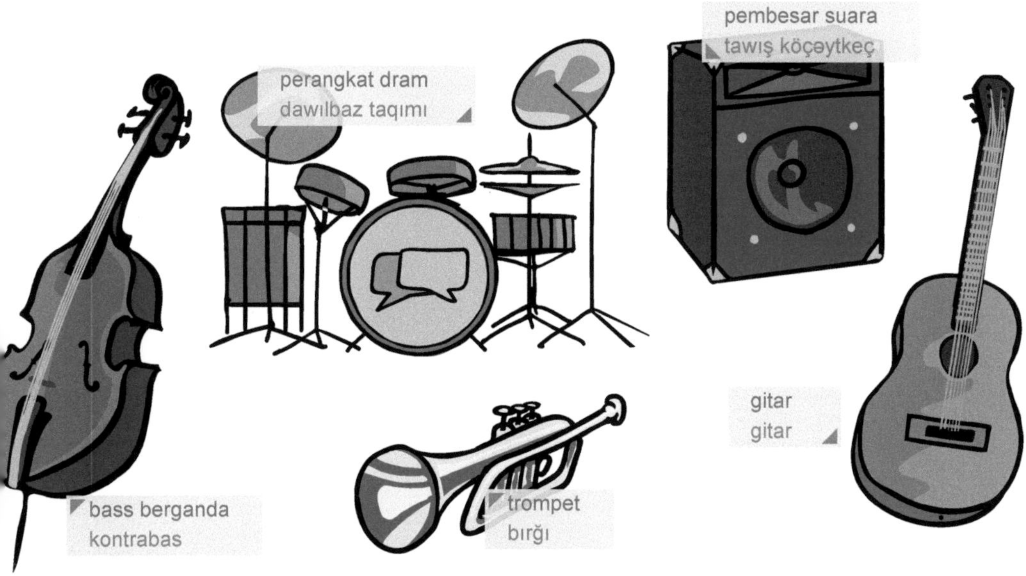

piano
piano

biola
kəmən

bass
bas gitar

timpani
timpani

dram
dawılbaz

papan kekunci
töyməsar

saksofon
saksofon

seruling
flüt

mikrofon
mikrofon

alat muzik - muzıka alətlərə

zoo
xaywan baqçası

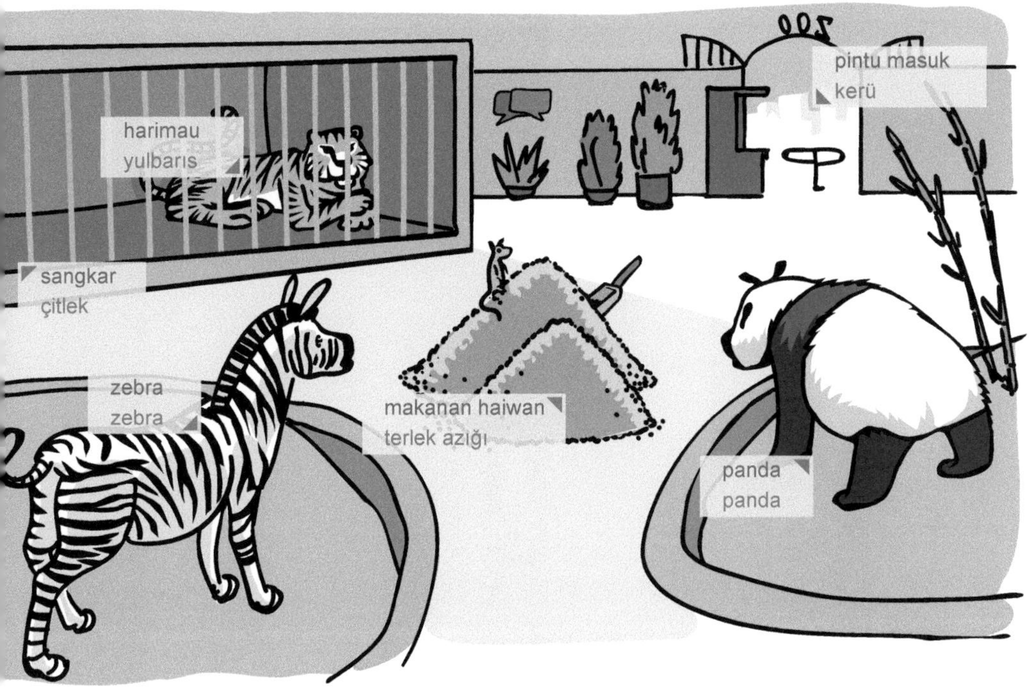

- pintu masuk / kerü
- harimau / yulbarıs
- sangkar / çitlek
- zebra / zebra
- makanan haiwan / terlek azığı
- panda / panda

haiwan
xaywannar

gajah
fil

kanggaru
köngerə

badak sumbu
kərkədən

gorila
gorilla

beruang
ayu

zoo - xaywan baqçası

unta
döyə

burung unta
təwə qoşı

singa
arıslan

monyet
maymıl

flamingo
flamingo

nuri
tutıy qoş

beruang kutub
aq ayu

penguin
pingwin

yu
küpek balığı

merak
tawis

ular
yılan

buaya
timsax

penjaga zoo
xaywan baqçası xezmətkəre

anjing laut
suete

jaguar
yaguar

zoo - xaywan baqçası

kuda
poni

harimau
qaplan

badak air
su ayğırı

zirafah
zörəfə

helang
börket

babi jantan
qaban duñğızı

ikan
balıq

penyu
taşbaqa

anjing laut
morşa

musang
tölke

rusa
ğəzəl

zoo - xaywan baqçası

sukan
sport törləre

aktiviti
itkenleklər

ompat ikerergə

ketawa kölərgə

peluk qoçaqlarğa

berjalan yörergə

menyanyi cırlarğa

mimpi xıyallanırğa

berdoa ğibədət qılırğa

cium übərgə

tulis
yazarğa

lukis
rəsem yasarğa

tunjuk
kürsətergə

tolak
etərgə

beri
birergə

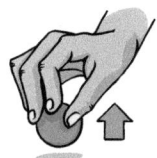

ambil
alırğa

ada	buat	ialah
iyə bulırğa	eşlərgə	bulırğa

berdiri	lari	tarik
basıp torırğa	yögerergə	tartırğa

buang	jatuh	tipu
taşlarğa	yığılırğa	yatarğa

tunggu	bawa	duduk
kötərgə	taşırğa	utırırğa

pakai	tidur	bangkit
kiyenergə	yoqlarğa	uyanırğa

lihat pada
qararğa

menangis
yılarğa

strok
sıparğa

sikat
tararğa

cakap
söyləşergə

faham
añlarğa

tanya
sorarğa

dengar
tıñlarğa

minum
eçərgə

makan
aşarğa

mengemas
cıyıştırınırğa

sayang
söyərgə

masak
peşerergä

pandu
sörergə

terbang
oçarğa

aktiviti - itkenleklər

belayar
diñgezgə açılu

kira
isəpləw

baca
uqırğa

belajar
öyrənergə

kerja
eşlərgə

nikah
öylənergə

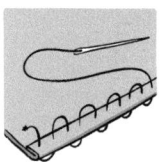
jahit
tegərgə

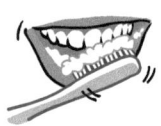
memberus gigi
teş fırçalarğa

bunuh
üterergə

asap
təməke tartırğa

hantar
cibərergə

aktiviti - itkenleklər

keluarga
ğailə

nenek
əbi

datuk
babay

bapa
ata

ibu
ana

bayi
sabıy

anak perempuan
qız

anak lelaki
ul

tetamu
qunaq

mak cik
apa

pak cik
abıy

abang
abıy / ene

kakak
apa / señel

keluarga - ğailə

badan
tən

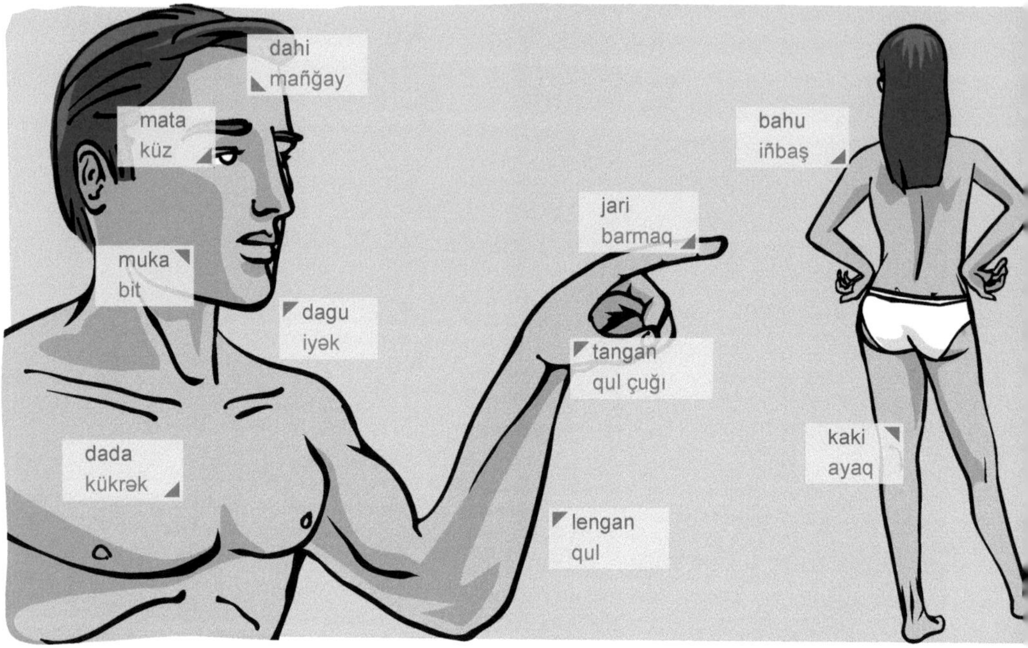

- dahi / mañğay
- mata / küz
- muka / bit
- dagu / iyək
- dada / kükrək
- bahu / iñbaş
- jari barmaq
- tangan / qul çuğı
- lengan / qul
- kaki / ayaq

bayi
sabıy

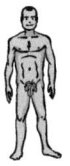

lelaki
ir

wanita
xatın

perempuan
qız

lelaki
malay

kepala
baş

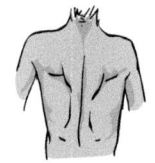

belakang
arqa

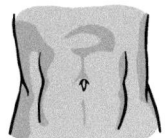

bawah perut
eç

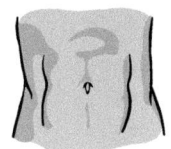

pusat
kendek

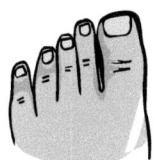

jari kaki
ayaq barmağı

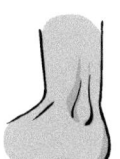

tumit
ükçə

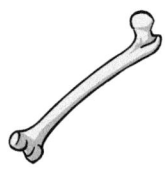

tulang
söyək

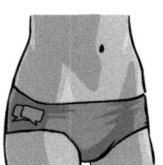

pinggul
bot

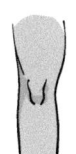

lutut
tez

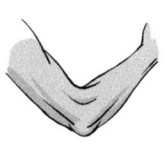

siku
tersək

hidung
borın

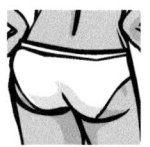

bawah
art san

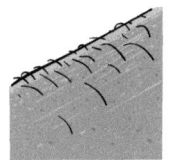

kulit
tire

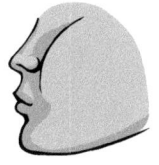

pipi
yañaq

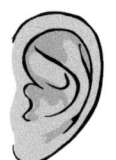

telinga
qolaq

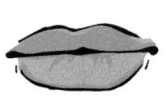

bibir
iren

badan - tən

mulut
awız

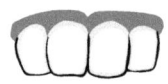

gigi
teş

lidah
tel

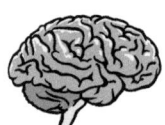

otak
mi

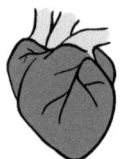

hati
yörək

otot
ğəzlə

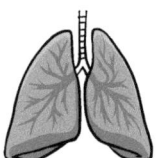

paru-paru
üpkə

hati
bawır

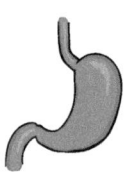

perut
aşqazanı

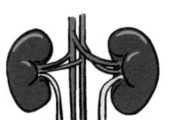

buah pinggang
böyerlər

seks
seks

kondom
prezervativ

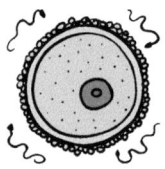

faraj
kükəy küzənək

mani
məni

mengandung
kömən

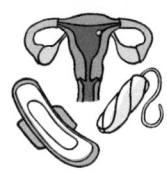
haid
kürem

faraj
vagina

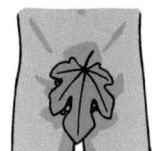
penis
penis

kening
qaş

rambut
çəçlər

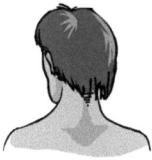
leher
muyın

hospital
xastaxanə

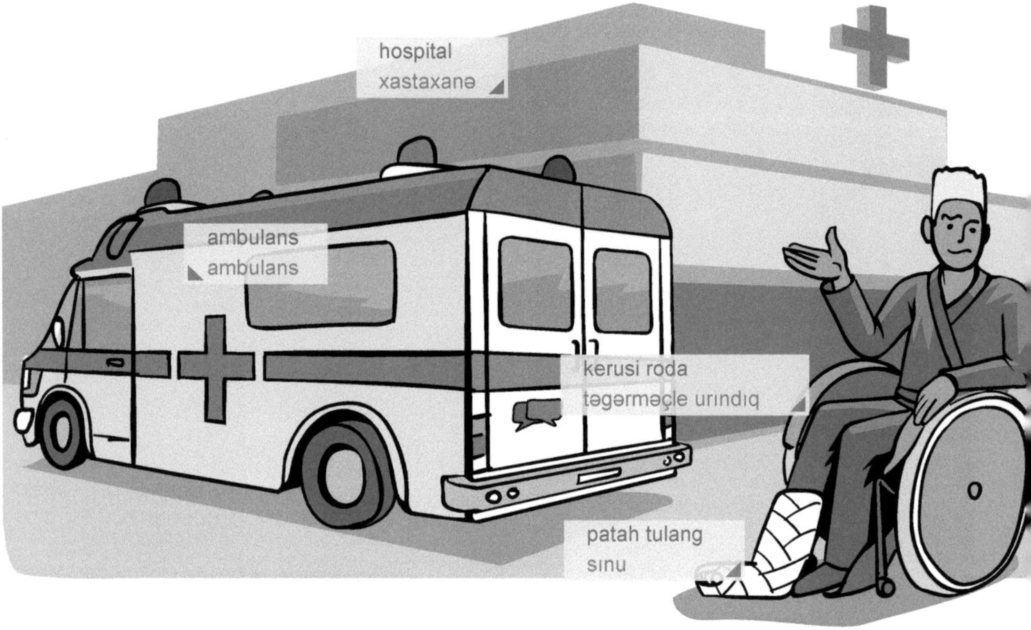

hospital
xastaxanə

ambulans
ambulans

kerusi roda
təgərməçle urındıq

patah tulang
sınu

doktor
tabib

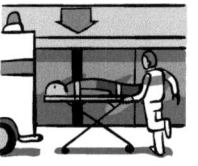

bilik kecemasan
aşığıç yərdəm bülməse

jururawat
şəfqət tutaşı

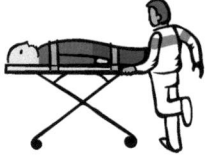

kecemasan
kiçektergesez xəl

tak sedar
añsız

sakit
awırtu

hospital - xastaxanə

kecederaan
cərəxətlənü

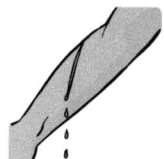
pendarahan
qan ağu

serangan jantung
infarkt

strok
insult

alergi
allergiyə

batuk
yütəl

demam
qızu

selesema
grip

cirit-birit
eç kitü

sakit kepala
baş awırtu

kanser
yaman şeş

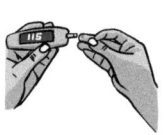
diabetes
diabet

pakar bedah
xirurg

pisau bedah
skalpel

pembedahan
ğəməliyət

hospital - xastaxanə

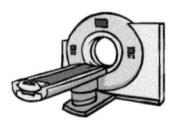
CT
ST

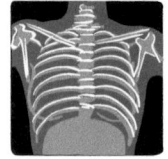
x-ray
röntgen

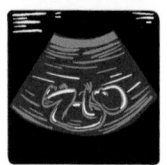
ultrabunyi
ultratawış

topeng muka
bitlek

penyakit
awıru

bilik menunggu
kötü bülməse

penongkat
qultıq tayağı

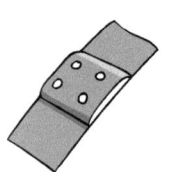
plaster
plaster

pembalut
bəylaweç

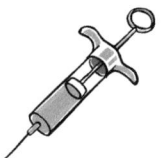
suntikan
qadaw

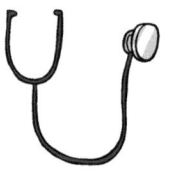
stetoskop
stetoskop

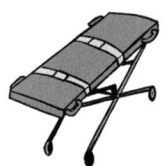
pengusung
sədiyə

termometer klinik
klinik termometr

kelahiran
tuu

berat badan berlebihan
artıq awırlıq

hospital - xastaxanə

alat pendengaran   disinfektan   jangkitan

işetü cihazı   dezinfektant   yoğış

virus   HIV / AIDS   perubatan

virus   KİV / BİDS   daru

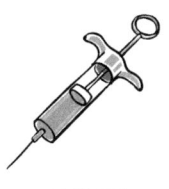 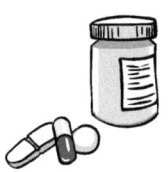 

vaksinasi   tablet   pil

vaksinalanu   tabletlər   kontraseptiv tablet

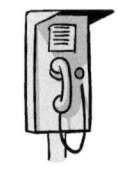  

anggilan kecemasan   pantau tekanan darah   sakit / sihat

aşığıç çaqıru   qan basımı ülçəgeçe   awıru / sələmət

hospital - xastaxanə

kecemasan
kiçektergesez xəl

Tolong!
Qotqarığız!

penggera
xəwef tawışı

serang
höcüm

serangan
höcüm

bahaya
qurqınıç

pintu kecemasan
aşığıç çığu

Api!
Yanğın!

alat pemadam api
ut sündergeç

kemalangan
qaza

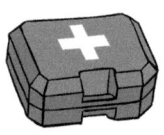

alat pertolongan cemas
berençe yərdəm buqçası

SOS
SOS

polis
polisə

bumi
Cir

Eropah
Awrupa

Amerika Utara
Tönyaq Amerika

Amerika Selatan
Könyaq Amerika

Afrika
Afrika

Asia
Asya

Australia
Awstralya

Atlantic
Atlantik okean

Pasifik
Tın okean

Lautan Hindi
Hind okeanı

Lautan Antartik
Antarktik okean

Lautan Artik
Arktik okean

Kutub utara
Tönyaq qotıp

Kutub Selatan

Könyaq qotıp

Antartika

Antarktika

bumi

Cir

tanah

qorı cir

laut

diñgez

pulau

utraw

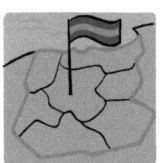

negara

millət

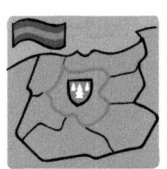

negeri

dəwlət

jam
səğət

muka jam
səğət bite

tangan jam
səğət uğı

tangan minit
minut uğı

terpakai
sekund uğı

Jam berapa sekarang
Səğət niçə?

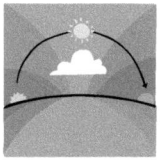

hari
kön

masa
waqıt

sekarang
xəzer

jam digital
dijital səğət

minit
minut

jam
səğət

minggu
atna

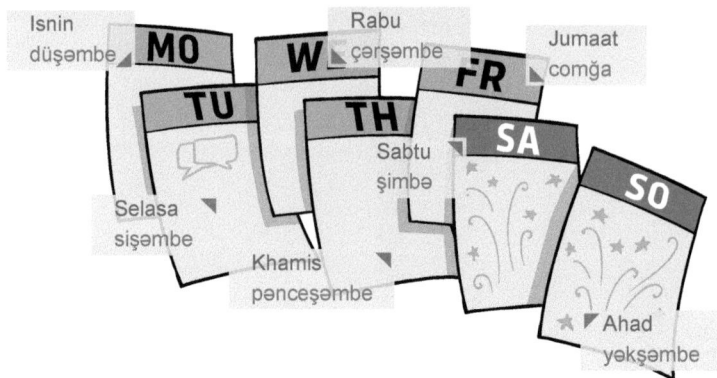

Isnin
düşəmbə
MO

Rabu
çərşəmbe
W

Jumaat
comğa
FR

TU
Selasa
sişəmbe

TH
Khamis
pənceşəmbe

Sabtu
şimbə
SA

SO
Ahad
yekşəmbe

semalam
kiçə

hari ini
bügen

esok
irtəgə

pagi
irtə

tengah hari
töş

petang
kiç

hari kerja
eş könnəre

hari minggu
yal könnəre

80   minggu - atna

tahun
yıl

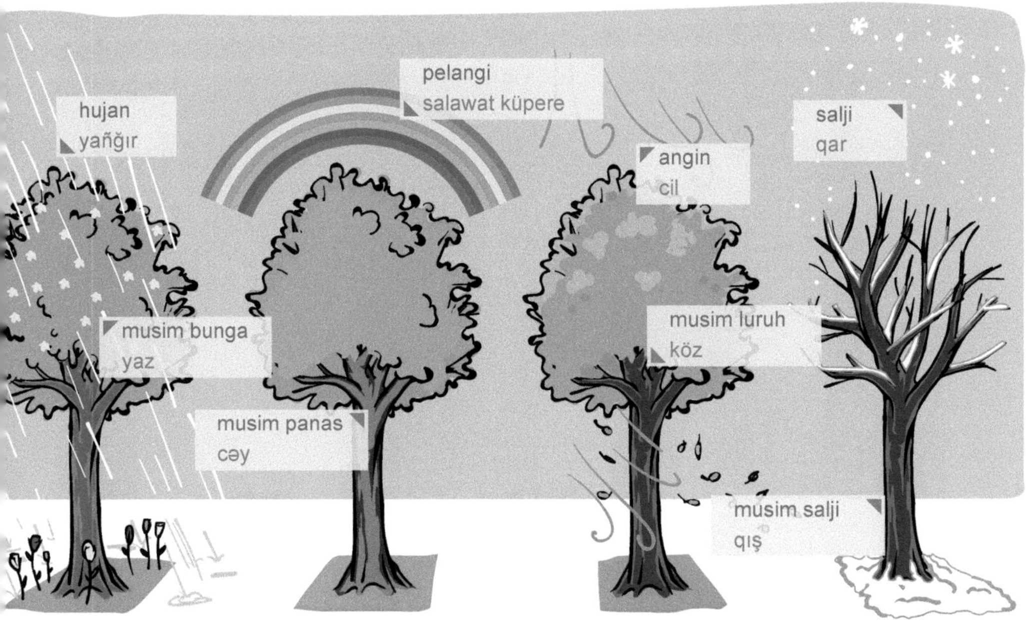

hujan
yañğır
pelangi
salawat küpere
salji
qar
angin
cil
musim bunga
yaz
musim luruh
köz
musim panas
cəy
musim salji
qış

4.APRIL 11°
5.APRIL 4°
6.APRIL 13°
7.APRIL 8°
8.APRIL 10°

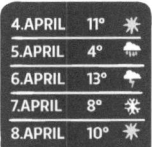

ramalan cuaca

hawa torışı

F C
120 90 60 30 0 -30
40 30 20 10 0 -10 -20

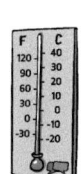

termometer

termometr

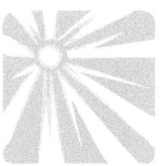

sinar matahari

qoyaş yaqtısı

awan

bolıt

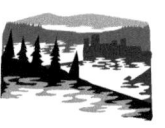

kabus

toman

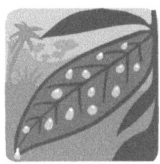

lembapan

dımlılıq

kilat
yəşen

petir
kük kükrəw

ribut
dawıl

hujan batu
boz

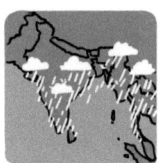
monsun
musson

banjir
su basu

ais
boz

Januari
Qırlaç

Februari
Aqman

Mac
Buşay

April
Yañarış

Mei
Saban

Jun
Çereşmə

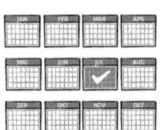
Julai
Peçən

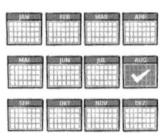
Ogos
Uraq

September
Indır

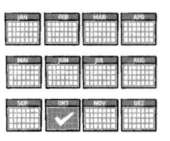
Oktober
Bilek

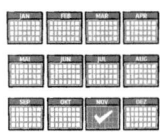
November
Qaraköz

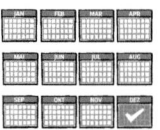
Disember
Kerəw

bentuk
şəkellər

bulatan
tügərək

petak
dürtkel

segi empat tepat
turıpoçmaq

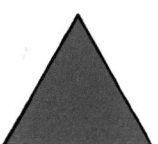
segitiga
öçpoçmaq

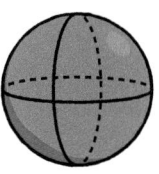
sfera
körrə

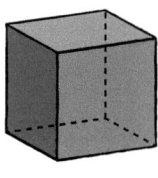
kiub
kub

warna
töslər

putih
aq

kuning
sarı

oren
qızğılt sarı

merah jambu
al

merah
qızıl

ungu
şəməxə

biru
zəñgər

hijau
yəşel

coklat
körən

kelabu
sorı

hitam
qara

berlawanan
qapma-qarşılıqlar

banyak / sedikit

küp / az

marah / tenang

usal / tınıç

cantik / hodoh

matur / yəmsez

bermula / tamat

baş / axır

besar kecil

zur / keçkenə

terang / gelap

yaqtı / qarañğı

abang / kakak

abıy, ene / apa, señel

bersih / kotor

taza / pıçraq

lengkap / tidak lengkap

təmam / təmamlanmağan

hari / malam

kön / tön

mati / hidup

üle / tere

luas / sempit

kiñ / tar

boleh dimakan / tidak boleh dimakan

aşarğa yaraqlı / aşarğa yaraqsız

jahat / baik

yaman / yaxşı

teruja / bosan

dulqınlanğan / yalıqqan

gemuk / kurus

yuan / yabıq

pertama / terakhir

berençe / soñğı

kawan / musuh

dus / doşman

penuh / kosong

tulı / buş

keras / lembut

qatı / yomşaq

berat / ringan

awır / ciñel

lapar / dahaga

açlıq / susaw

sakit / sihat

awıru / sələmət

menyalahi undang-undang / undang-undang

qanunsız / qanunlı

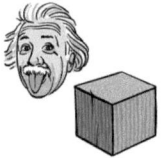

pintar / bodoh

aqıllı / aqılsız

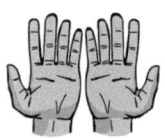

kiri / kanan

sul / uñ

dekat / jauh

yaqın / yıraq

berlawanan - qapma-qarşılıqlar

baru / lama
yaña / qullanılğan

tiada / sesuatu
hiçnərsə / nərsəder

tua / muda
ölkən / yəş

hidup / mati
ızdırılğan / sünderelgən

terbuka / tertutup
açıq / yabıq

diam / bising
tawışsız / göreltele

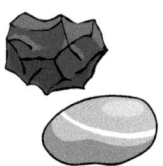

kaya / miskin
bay / yarlı

betul / salah
döres / yalğış

kasar / halus
qıtırşı / şoma

sedih / gembira
küñelsez / küñelle

pendek / panjang
qısqa / ozın

lambat / laju
aqrın / tiz

basah / kering
dımlı / qorı

panas / sejuk
cılı / salqın

berperang / berdamai
suğış / tınıçlıq

berlawanan - qapma-qarşılıqlar

nombor
sannar

0
sifar
sıfır

1
satu
ber

2
dua
ike

3
tiga
öç

4
empat
dürt

5
lima
biş

6
enam
altı

7
tujuh
cide

8
lapan
sigez

9
sembilan
tuğız

10
sepuluh
un

11
sebelas
unber

12
dua belas
unike

13
tiga belas
unöç

14
empat belas
undürt

15
lima belas
unbiş

16
enam belas
unaltı

17
tujuh belas
uncide

18
lapan belas
unsigez

19
Sembilan belas
untuğız

20
dua puluh
yegerme

100
ratus
yöz

1.000
ribu
meñ

1.000.000
juta
million

nombor - sannar

bahasa-bahasa
tellər

Bahasa Inggeris

inglizçə

Bahasa Inggeris Amerika

Amerika inglizçəse

Bahasa Cina Mandarin

Mandarin qıtayçası

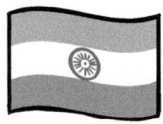

Bahasa Hindi

hindi

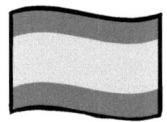

Bahasa Sepanyol

İspança

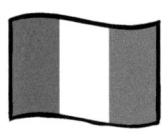

Bahasa Perancis

Fransızça

Bahasa Arab

Ğərəpçə

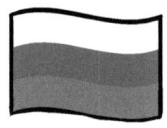

Bahasa Rusia

Rusça

Bahasa Portugis

Portugalça

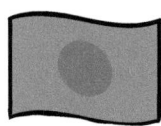

Bahasa Benggali

Bengali

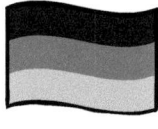

Bahasa Jerman

Almança

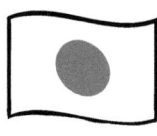

Bahasa Jepun

Yaponça

siapa / apa / bagaimana
kem / nərsə / niçek

saya
min

anda
sin

dia / dia / ia
ul / ul / ul

kita
bez

anda
sez

mereka
alar

siapa?
kem?

apa?
nərsə?

bagaimana?
niçek?

di mana?
qayda?

bila?
qayçan?

nama
isem

di mana
qayda

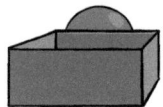

belakang

artta

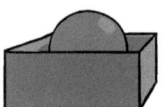

dalam

eçendə

di hadapan

aldında

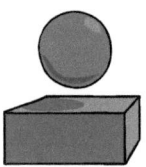

lebih

östendə

pada

östendə

di bawah

astında

bersebelahan

yanında

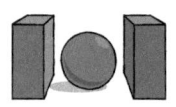

antara

arasında

tempat

urın